Stories in easy Spanish
Level B1-B2 - Book 1
- WITH AUDIO -

Created for learners of Spanish as a foreign language

Download your audio:

Step 1: Go to Esidioma.com/extras
Step 2: Use the following code:

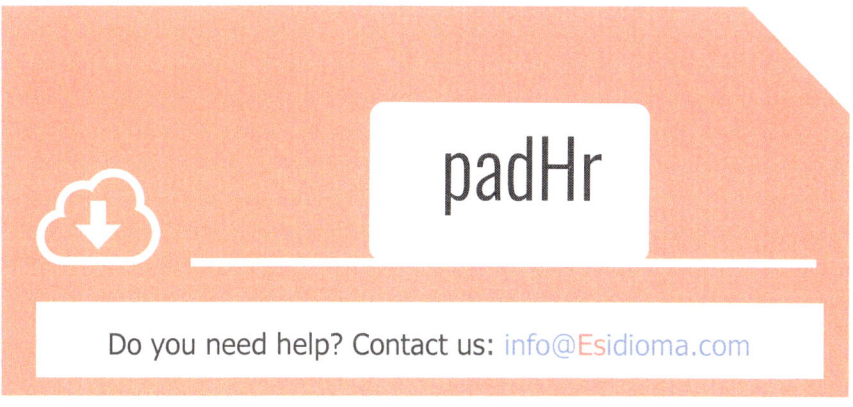

padHr

Do you need help? Contact us: info@Esidioma.com

esidioma.com

Índice

esidioma.com

Learn Spanish with us!
If you want to improve your language skills,
we have all you need

Copyright © Esidioma
Texts: José Antonio Santiago
Design: Esidioma Team
Images: pexels.com
ISBN - 978-84-16971-84-8
Legal Deposit - AS 02221-2024

Un buen vino
A good wine

Vocabulario

1.	humilde		humble
2.	sobrevivir		to survive
3.	hombre de negocios		businessman
4.	fortuna		fortune
5.	carta		letter
6.	eternidad		eternity
7.	logro		achievement
8.	celebrar		to celebrate
9.	desaparecer		to fade, to disappear
10.	sonrisa		smile
11.	preocuparse		to worry
12.	sorbo		sip
13.	tranquilizarse		to calm down
14.	respirar		to breathe
15.	encantado		delighted
16.	esposa		wife
17.	marido		husband
18.	copa		glass (of wine)
19.	probar		to try
20.	olvidarse		to forget
21.	traer		to bring
22.	intento		attempt
23.	abrazar		to hug
24.	disfrutar		to enjoy
25.	siguiente		next

Un buen vino

En una pequeña aldea entre las montañas, vivía un humilde agricultor. Su día a día consistía en trabajar duramente y sobrevivir con poco dinero. Su hermano, en cambio, era un hombre de negocios que, después de muchos años viviendo en la gran ciudad, había adquirido una gran fortuna.

Un día, el campesino recibió una carta:

"Querido hermano, hace una eternidad que no sé nada de ti. ¡Qué ganas tengo de verte! ¿Te has convertido ya en el agricultor más rico de la región? Estoy seguro de ello y, por eso, voy a visitarte la semana que viene. Vamos a celebrar tus logros y brindar por ello con un buen vino".

A good wine

In a small village between the mountains, lived a humble farmer. His daily routine consisted of working hard and surviving with little money. His brother, on the other hand, was a businessman who, after many years living in the big city, had acquired a great fortune.

One day, the peasant received a letter:

"Dear brother. I haven't heard from you in ages. I can't wait to see you! Have you already become the richest farmer in the region? I'm sure you have, and that's why I'm going to visit you next week. We're going to celebrate your achievements and toast with a good wine."

El hombre se alegró de inmediato. Sin embargo, poco a poco, su sonrisa fue desapareciendo y comenzó a preocuparse, ya que no quería que su hermano descubriera la realidad de su humilde vida.

—Tranquilízate, mi amor —le dijo su mujer, que siempre tenía soluciones para todo—. Tengo un plan magnífico para impresionar a tu hermano.

El día de la visita, todo fue de maravilla. El hombre de negocios estaba encantado de volver a respirar aire limpio. Al llegar a casa, se sentaron a la mesa a comer queso y fruta fresca. Entonces, la esposa del campesino se levantó:

—Querido, te has olvidado del vino —dijo la mujer y se fue a la cocina. Unos segundos después, volvió con una copa de vino y se la ofreció a su marido—. Pruébalo. ¿Te parece que es lo bastante bueno para tu hermano?

The man cheered up right away. However, little by little, his smile faded and he began to worry, since he didn't want his brother to discover the reality of his humble life.

"Calm down, my love," said his wife, who always had solutions for everything. "I have an excellent plan to impress your brother."

On the day of the visit, everything went wonderfully. The businessman was delighted to breathe fresh air again. When they got home, they sat down at the table to eat cheese and fresh fruit. Then the peasant's wife stood up:

"Darling, you forgot the wine," said the woman and went to the kitchen. A few seconds later, she returned with a glass of wine and offered it to her husband. "Try it. Do you think it's good enough for your brother?"

—Vamos a ver —dijo el hombre mientras daba un pequeño sorbo—. No está mal, pero lo tenemos mejor. Vete a la cocina y tráeme otro.

La esposa regresó con otra copa de vino, pero a su marido tampoco le gustó. Y la siguiente, tampoco. Finalmente, después de varios intentos, el agricultor se alegró:

—¡Ahora sí! ¡Trae la botella! Prueba, hermanito. En la ciudad no tenéis nada parecido, ¿verdad?

—¡Qué razón tienes! ¡Qué bueno está este vino! —dijo el hermano con una gran sonrisa.

A la mañana siguiente, al despedirse, el hombre de negocios abrazó con fuerza a su hermano:

—¡Tú sí que sabes disfrutar de la vida! Aire limpio, comida deliciosa... ¡y menuda selección de vinos!

El campesino y su mujer se alegraron de ver que su plan funcionó: en realidad, no tenían más que una botella de vino.

"Let's see," said the man as he took a small sip. "It's not bad, but we have better ones. Go to the kitchen and get me a different one."

The wife returned with a different glass of wine, but her husband didn't like it either. Neither did he like the next one. Finally, after several attempts, the farmer was happy:

"That's it! Bring the bottle! Try it, dear brother. You don't have anything like it in the city, right?"

"You're so right! This wine is so good!" said the brother with a big smile.

The next morning, as they said goodbye, the businessman hugged his brother tight:

"You really know how to enjoy life! Clean air, delicious food… And what a wine selection!"

The farmer and his wife were happy to see that their plan had worked: in fact, they only had one bottle of wine.

Ejercicios

---

1 ¿Verdadero (V) o falso (F)?
True or false?

1. Hacía una eternidad que los hermanos no se veían.
2. El campesino había logrado grandes cosas en la aldea.
3. Al hombre de negocios no le gustaba el vino que probaba.
4. El campesino quería impresionar a su hermano.
5. El plan del campesino y su esposa funcionó.
6. El campesino teniá una buena selección de vinos.

2 Escoge la preposición correcta:
Choose the correct preposition:

1. ¡Qué ganas tengo **por / de** verte! ¿Te has convertido ya **en / a** el agricultor más rico de la región?
2. Vamos a brindar **de / por** ello con un buen vino.
3. El día de la visita todo fue **de / por** maravilla.
4. Se alegró **a / de** inmediato. Pero poco **a / por** poco, comenzó **a / de** preocuparse.
5. **Al / Por** llegar a casa, se sentaron **a / alrededor** la mesa.
6. **A / Por** la mañana siguiente, el hombre de negocios abrazó **con / por** fuerza a su hermano.

3 Completa las frases con las siguientes palabras:
Complete the sentences using the following words:

cambio / humilde / eternidad / impresionar / respirar / descubriera / soluciones / fortuna

1. Tengo un plan para _____ a tu hermano.
2. No quería que su hermano _____ la realidad de su _____ vida.
3. Hace una _____ que no nos vemos.
4. En _____ , su hermano había adquirido una gran _____ .
5. Su esposa tenía _____ para todo.
6. Estaba encantado de volver a _____ aire limpio.

4 Combina las columnas:
Combine both columns:

1. El campesino se alegró de   a. parecido
2. El hombre dio un pequeño   b. inmediato
3. En la ciudad no tenéis nada   c. logros
4. Tú sabes disfrutar de la   d. vida
5. Vivía en una aldea entre las   e. sorbo
6. Vamos a celebrar tus   f. montañas

Soluciones

Ejercicio 1: 1-V, 2-F, 3-F, 4-V, 5-V, 6-F
Ejercicio 2: 1-de, en 2-por, 3-de, 4-de, a, a, 5-Al, a, 6-A, con
Ejercicio 3: 1-impresionar, 2-descubriera, humilde, 3-eternidad, 4-cambio, fortuna, 5-soluciones, 6-respirar
Ejercicio 4: 1-b, 2-e, 3-a, 4-d, 5-f, 6-c

Trabajo en equipo
Teamwork

Vocabulario

1.	remoto	remote
2.	lobo	wolf
3.	valiente	brave
4.	juventud	youth
5.	cazador	hunter
6.	inexperto	inexperienced
7.	ruido	noise
8.	estómago	stomach
9.	presa	prey
10.	conejo	rabbit
11.	rebaño	flock
12.	atrapar	to catch
13.	mordisco	bite
14.	oveja	sheep
15.	delgado	thin
16.	exhausto	exhausted
17.	zarpa	paw
18.	seta	mushroom
19.	ciervo	deer
20.	víctima	victim
21.	sigiloso	stealthy
22.	peligro	danger
23.	persecución	pursuit
24.	suspirar	to sigh
25.	pastar	to graze

Trabajo en equipo

En un remoto bosque, alejado de la ciudad, vivía un joven lobo. Era muy rápido y valiente, aunque, debido a su juventud, aún era un cazador inexperto.

Una mañana, mientras paseaba por la orilla del río, sintió un ruido en el estómago. "¡Qué hambre tengo! Es hora de buscar una presa", pensó y comenzó a observar a su alrededor.

Al poco tiempo, sus ojos se posaron sobre un conejo que estaba comiendo hierba junto a un árbol. En un abrir y cerrar de ojos, el lobo saltó sobre él, lo atrapó y abrió la boca para dar el primer mordisco. Sin embargo, en ese preciso instante, el lobo vio una oveja a lo lejos. "¡Un momento!", pensó el lobo "Este conejo está muy delgado.

Teamwork

In a remote forest, far away from the city, lived a young wolf. He was very fast and brave, but due to his youth, he was still an inexperienced hunter. One morning, as he was walking along the river bank, he felt a noise in his stomach. "I'm so hungry! It's time to look for prey," he thought and began to look around.

Shortly afterwards, his eyes fell on a rabbit that was eating grass by a tree. In the blink of an eye, the wolf jumped on it, caught it and opened its mouth to take the first bite. However, at that very moment, the wolf saw a sheep in the distance. "Wait a minute!" thought the wolf. "This rabbit is too thin. Why should I waste

17

¿Por qué debería perder el tiempo comiendo este saco de huesos, cuando puedo devorar esa enorme oveja?".

Sin pensarlo más, soltó al asustado conejo y se lanzó en dirección a la oveja. El pobre animal no tuvo tiempo para reaccionar. En unos pocos segundos, las zarpas del lobo estaban rodeándole el cuello. El fiero animal abrió las mandíbulas con la intención de dar un mordisco mortal. Sin embargo, justo en ese instante, un precioso ciervo pasó dando saltos. "No hay duda de que esa es una presa más sabrosa que esta simple oveja", pensó el lobo y empezó a correr tras su nueva víctima.

El lobo trató de ser lo más sigiloso posible, pero el ciervo sintió el peligro a tiempo y aceleró la marcha. Entonces, el lobo inició la persecución de su presa, aunque no fue rival para el veloz ciervo. Al poco tiempo, tuvo claro que no iba a lograr su objetivo. "No pasa

my time eating this bag of bones when I can devour that huge sheep?"

Without thinking much about it, he let go of the frightened rabbit and rushed in the direction of the sheep. The poor animal didn't have time to react. In a few seconds, the wolf's paws were around her neck. The fierce animal opened his jaws with the intention of taking a deadly bite. However, at that very moment, a beautiful deer passed by jumping. "There's no doubt that this is a tastier prey than this simple sheep," thought the wolf and started to run after his new victim.

The wolf tried to be as stealthy as possible, but the deer sensed the danger in time and sped up. Then the wolf set off in pursuit of its prey, but couldn't keep up with the swift deer. Shortly afterwards, he realized that he was not going to achieve his goal.

nada", suspiró el lobo. "La oveja tampoco es una mala opción".

Así que, volvió sobre sus pasos en busca de su presa. Lamentablemente, la oveja había salido corriendo en dirección a su rebaño y estaba pastando felizmente junto a su pastor. "No importa, aún me queda el conejo", sonrió el lobo y se fue alegremente hacia el árbol donde lo había visto unos minutos antes. Por desgracia, al llegar, se encontró con que allí ya no había nadie. Exhausto y hambriento, el pobre lobo se sentó bajo el árbol y empezó a comer setas.

No muy lejos de ahí, el conejo, la oveja y el ciervo, charlaban alegremente:

—¡Muy bien hecho amigos míos! —exclamó el conejo—. Si seguimos trabajando en equipo como hoy, el lobo se hará vegetariano en nada.

"It's all right," sighed the wolf. "The sheep is not a bad choice either."

So, he retraced his steps in search of his prey. Unfortunately, the sheep had run off in the direction of her flock and was grazing happily next to her shepherd. "Never mind, I still have the rabbit," the wolf smiled and went off happily towards the tree where he had seen it a few minutes ago. Unfortunately, upon arrival, he found that there was no one there anymore. Exhausted and hungry, the poor wolf sat down under the tree and began to eat mushrooms.

Not far away, the rabbit, the sheep and the deer were chatting happily:

"Well done, my friends!" the rabbit exclaimed. "If we keep on working as a team like today, the wolf will become a vegetarian in no time."

Ejercicios

---

1 ¿Verdadero (V) o falso (F)?
True or false?

1. El joven lobo era un cazador inexperto.
2. El lobo no fue rival para el veloz conejo.
3. El ciervo sintió el peligro y aceleró la marcha.
4. El lobo comió a la oveja y era sabrosa.
5. Exhausto y hambriento, el lobo empezó a comer setas.
6. El conejo, la oveja y el ciervo hicieron trabajo en equipo.

2 Escoge la preposición correcta:
Choose the correct preposition:

1. El lobo comenzó a observar **por / a** su alrededor.
2. Sus ojos se posaron **encima / sobre** un conejo que estaba comiendo hierba junto **de / a** un árbol.
3. Debido **a / por** su juventud, era un cazador inexperto.
4. **Sin / Por** pensarlo más, se lanzó **en / a** dirección **a / de** la oveja.
5. El lobo volvió **por / sobre** sus pasos **por / en** busca de su presa.
6. Si seguimos trabajando **en / por** equipo, el lobo se hará vegetariano **en / de** nada.

3 Completa las frases con las siguientes palabras:
Complete the sentences using the following words:

cerrar / remoto / pasos /
rival / sigiloso / atrapó / pastando

1. En un _____ bosque vivía un joven lobo.
2. En un abrir y _____ de ojos, el lobo saltó sobre el conejo y lo _____ .
3. Trató de ser lo más _____ posible.
4. El lobo volvió sobre sus _____ en busca de su presa.
5. La oveja estaba _____ felizmente junto a su pastor.
6. El lobo no fue _____ para el veloz ciervo.

4 Combina las columnas:
Combine both columns:

1. El lobo sintió un ruido en el   a. saltos
2. Abrió la boca para dar un   b. huesos
3. No quiero comer este saco de   c. estómago
4. Un ciervo paso dando   d. alrededor
5. El lobo comenzó a observar a su   e. marcha
6. El ciervo aceleró la   f. mordisco

La caja de bombones
The box of chocolates

24

Vocabulario

1. vuelo		flight
2. pasear		to stroll
3. perfume		perfume
4. revista		magazine
5. banco		bench
6. embarque		boarding
7. mitad		half
8. descarado		cheeky, impertinent
9. traje		suit
10. derecho		right
11. permiso		permission
12. sonreír		to smile
13. asombro		astonishment
14. partir		to split
15. apresuradamente		hurriedly
16. agarrar		to grab
17. enrollar		to roll up
18. avergonzado		ashamed
19. levantarse		to get up
20. superioridad		superiority
21. inaudito		outrageous, unheard of
22. acercarse		to approach
23. caja		box
24. sacar		to pull out
25. cerrado		closed

La caja de bombones

Una mañana como otra cualquiera, en un aeropuerto repleto de gente, una mujer esperaba su vuelo. Como tenía tiempo de sobra, decidió irse a pasear por las tiendas del aeropuerto.

A los pocos minutos, había comprado un perfume, una revista y sus bombones favoritos.

"Aún falta un buen rato para el embarque", pensó mientras se acercaba a un banco. "Vamos a leer y comer un poco de chocolate".

La mujer tomó asiento, abrió la revista y cogió un bombón de la caja. De pronto, vio cómo el hombre sentado junto a ella también cogía un bombón.

The box of chocolates

On a morning like any other, in a crowded airport, a woman was waiting for her flight. As she had plenty of time, she decided to stroll around the airport shops.

A few minutes later, she had bought a perfume, a magazine and her favourite chocolates.

"There's still a while before boarding," she thought as she approached a bench. "Let's read and eat some chocolate."

The woman took a seat, opened the magazine and took a chocolate from the box. Suddenly, she saw how the man sitting next to her was also taking a chocolate.

"¡Pero qué hombre tan descarado!", pensó ella. "Ahí lo tienes, con ese traje caro y aire de superioridad. Y se cree con derecho a comer mis bombones sin ni siquiera pedir permiso".

La mujer miró al hombre fijamente a los ojos y, sin decir nada, cogió otro bombón. El hombre le sonrió y también cogió uno.

"¡Y encima sonríe!". La mujer no salía de su asombro. "Es inaudito que haya gente con tanta cara en este mundo".

Así estuvieron sentados media hora más. Cada vez que la mujer cogía un bombón, el hombre hacía lo mismo. Finalmente, en la caja quedaba un solitario bombón.

"Bien, ¿y ahora qué? Me pregunto qué hará ahora este tipo".

"What a cheeky man!" she thought. "There he is, with that expensive suit and air of superiority. And he thinks he has the right to eat my chocolates without even asking permission."

The woman looked the man straight in the eye and, without saying anything, took another chocolate. The man smiled at her and took one too.

"And on top of that, he's smiling!" The woman couldn't get over her astonishment. "It's outrageous that there are such cheeky people in this world."

They sat like that for another half hour. Each time the woman took a chocolate, the man did the same. Finally, there was one lone chocolate left in the box.

"Well, what now? I wonder what this guy is going to do now."

El hombre tomó el último bombón, lo partió en dos y se comió una mitad.

"¡Esto es el colmo! Y esperará que le dé las gracias por dejarme medio bombón. Ahora mismo le voy a explicar cuatro cosas".

En ese instante, una agradable voz femenina anunció el comienzo del embarque de un vuelo. El hombre se levantó apresuradamente, agarró sus cosas, dijo "hasta luego" con una sonrisa y se fue.

"¡Hasta luego, caradura!", pensó la mujer roja de ira. Estaba tan enfadada que no podía pensar en nada, ni siquiera en sus vacaciones. Enrolló la revista con fuerza y se puso a meterla en el bolso, cuando notó algo en su interior. Metió la mano y sacó… ¡su caja de bombones! La caja estaba cerrada.

"¡Madre mía! Los bombones que me comí eran los suyos. Y no me dijo nada". La mujer lo entendió todo y se sintió avergonzada.

The man took the last chocolate, split it into two pieces and ate one half.

"That's the last straw! And he'll expect me to thank him for leaving me half a chocolate. Right now, I'm going to explain a few things to him."

At that moment, a pleasant female voice announced the start of a flight's boarding. The man got up hurriedly, grabbed his things, said "see you later" with a smile, and left.

"See you later, you cheeky!" thought the woman, red with anger. She was so angry that she couldn't think of anything, not even her holiday. She rolled up the magazine tightly and was putting it in her bag, when she felt something inside it. She reached in and pulled out... her box of chocolates! The box was closed.

"Oh my! The chocolates I ate were his. And he didn't say anything to me." The woman understood everything and felt ashamed.

Ejercicios

1
¿Verdadero (V) o falso (F)?
True or false?

1. El aeropuerto estaba repleto de gente.
2. El hombre pidio permiso para comer los bombones.
3. La mujer le dio las gracias por dejarle medio bombón.
4. Una voz femenina anunció el comienzo de un embarque.
5. "Hasta luego, caradura", le dijo la mujer al hombre.
6. Los bombones que comió la mujer eran los del hombre.

2
Escoge la preposición correcta:
Choose the correct preposition:

1. La mujer no salía **de / por** su asombro.
2. Como tenía tiempo **con / de** sobra, decidió irse a pasear **en / por** las tiendas del aeropuerto.
3. Se cree **con / en** derecho **por / a** comer mis bombones.
4. El hombre tomó el bombón y lo partió **en / por** dos.
5. Ahí lo tienes, **con / sobre** ese traje caro y aire **a / de** superioridad.
6. "Falta un buen rato **antes / para** el embarque", pensó la mujer mientras se acercaba **a / por** un banco.

3 Completa las frases con las siguientes palabras:
Complete the sentences using the following words:

repleto / apresuradamente / solitario / cualquiera /
enrolló / cara / inaudito / colmo

1. Finalmente, en la caja quedaba un _____ bombón.
2. Una mañana como otra _____ , en un aeropuerto _____ de gente, una mujer esperaba su vuelo.
3. Es _____ que haya gente con tanta _____ en este mundo.
4. La mujer _____ la revista con fuerza.
5. El hombre se levantó _____ y se fue.
6. "¡Esto es el _____ !", pensó la mujer.

4 Combina las columnas:
Combine both columns:

1. La mujer tomó   a. gracias
2. Cogió un bombón de la   b. asiento
3. Ahora le voy a explicar cuatro   c. avergonzada
4. La mujer estaba roja de   d. caja
5. Lo entendió todo y se sintió   e. ira
6. Y esperará que le dé las   f. cosas

Soluciones

Ejercicio 1: 1-V, 2-F, 3-F, 4-V, 5-F, 6-V
Ejercicio 2: 1-de, 2-de, por, 3-con, a, 4-en, 5-con, de, 6-para, a
Ejercicio 3: 1-solitario, 2-cualquiera, repleto, 3-inaudito, cara 4-enrolló, 5-apresuradamante, 6-colmo
Ejercicio 4: 1-b, 2-d, 3-f, 4-e, 5-c, 6-a

Vecinas
Neighbours

Vocabulario

1. ardilla	squirrel
2. hermoso	beautiful
3. hogar	home
4. regresar	to return
5. serpiente	snake
6. sorprendido	surprised
7. nocturno	nocturnal
8. intercambio	exchange
9. raíz	root
10. cigarrillo	cigarette
11. arder	to burn
12. triunfante	triumphant
13. vecino	neighbour
14. abajo	downstairs, down
15. compartir	to share
16. llama	flame
17. esfuerzo	effort, labour
18. decorar	to decorate
19. huir	to flee
20. asustado	frightened
21. fumar	to smoke
22. frondoso	leafy
23. construir	to build
24. disputa	dispute
25. arriba	upstairs, up

Vecinas

Esta historia tuvo lugar en un árbol grande y frondoso, en una de las zonas más hermosas del bosque. En su interior vivía una alegre ardilla que había decorado su hogar con un gusto exquisito. La ardilla estaba muy contenta de vivir ahí. Pero un día, al regresar de un paseo, su alegría se transformó en pesadilla, ya que alguien acaba de construir una nueva casa en las raíces de su árbol.

—¡Este árbol es mío! —gritó la ardilla—. ¿Quién se ha atrevido a construir en mi propiedad sin mi consentimiento?

La responsable de todo este caos era una serpiente que, por cierto, estaba encantada con su nuevo hogar en las raíces del árbol.

Neighbours

This story took place in a large, leafy tree in one of the most beautiful areas of the forest. Inside it, lived a cheerful squirrel who had decorated her home with exquisite taste. The squirrel was very happy to live there. But one day, on returning from a walk, her joy turned into a nightmare since someone had just built a new house in the roots of her tree.

"This tree is mine!" shouted the squirrel. "Who has dared to build on my property without my consent?"

The one responsible for all this chaos was a snake who, by the way, was delighted with her new home in the roots of the tree.

—¿Por qué te has construido una vivienda aquí sin mi permiso? —preguntó la ardilla—. ¿Acaso no ves que el árbol es mío? ¡Vete de aquí ahora mismo!

—Pero, ¿dónde está el problema? —La serpiente estaba muy sorprendida—. Tú vives arriba y yo aquí abajo. Tú sales de casa por el día y yo soy un animal nocturno. Ni te vas a dar cuenta de que vivo aquí. Además, el bosque es de todos. Yo tengo derecho a elegir dónde quiero vivir.

Después de ese intercambio de opiniones, la disputa pareció estar solucionada. Sin embargo, la ardilla no quedó nada contenta. Todos los días, al salir de su casa, pasaba junto a las raíces del árbol y pensaba: "¿Qué puedo hacer para que la serpiente se vaya de aquí?"

Un día, la solución llegó por sí sola. La ardilla estaba dando un paseo, cuando vio a un ser humano a lo lejos. Estaba sentado en la hierba fumando. Sin pensarlo ni

"Why have you built a home here without my permission?" asked the squirrel. "Can't you see that the tree is mine? Get out of here now!"

"But what's the problem?" The snake was very surprised. "You live upstairs and I live down here. You leave the house during the day and I'm a nocturnal animal. You won't even notice that I live here. Besides, the forest belongs to everyone. I have the right to choose where I want to live."

After this exchange of opinions, the dispute seemed to be settled. However, the squirrel wasn't happy at all. Every day, on leaving her house, she would pass by the roots of the tree and think: "What can I do to make the snake leave from here?"

One day, the solution came on its own. The squirrel was taking a walk, when she spotted a human being in the distance. He was sitting on the grass smoking.

un segundo, la ardilla saltó sobre el hombre, le quitó el cigarrillo y se fue corriendo con una gran sonrisa en los labios. La ardilla llegó a su árbol y tiró el cigarrillo justo delante de la casa de la serpiente. A los pocos segundos, la hierba y las raíces del árbol empezaron a arder. La serpiente huyó asustada.

—¿Qué te parece? ¿Entiendes ahora que el árbol es mío? —preguntó la ardilla con una mirada triunfante.

—Me temo que ahora no es ni mío ni tuyo —respondió la serpiente—. Mira lo que has hecho querida vecina.

La ardilla levantó la vista y vio con horror que todo el árbol estaba en llamas. A los pocos minutos no quedó ni rastro de su precioso apartamento que tanto tiempo y esfuerzo le había costado decorar. Y todo, por no querer compartir el árbol.

Without a second thought, the squirrel jumped on the man, took the cigarette from him and ran away with a big smile on her face. The squirrel came to her tree and threw the cigarette right in front of the snake's house. Within seconds, the grass and roots of the tree began to burn. The snake fled frightened.

"What do you think? Do you understand now that the tree is mine?" asked the squirrel with a triumphant look.

"I'm afraid that now it's neither mine nor yours," replied the snake. "Look what you've done, dear neighbour."

The squirrel looked up and saw with horror that the whole tree was on fire. Within minutes, there was no trace left of her precious apartment that had cost her so much time and effort to decorate. And all that because of not wanting to share the tree.

Ejercicios

---

1 ¿Verdadero (V) o falso (F)?
True or false?

1. La ardilla vivía en las raíces del árbol.
2. La ardilla no quería compartir el árbol con la serpiente.
3. La serpiente no le había pedido permiso a la ardilla.
4. La serpiente quería asustar a la ardilla con un cigarrillo.
5. Al final, la ardilla dio su consentimiento a la serpiente.
6. A los pocos minutos, todo el árbol estaba en llamas.

2 Escoge la preposición correcta:
Choose the correct preposition:

1. Ni te vas a dar cuenta **de / por** que vivo aquí.
2. ¿Quién se ha atrevido **a / con** construir **a / en** mi propiedad **sin / de** mi consentimiento?
3. Un día, la solución llegó **por / de** sí sola.
4. ¿Qué puedo hacer **por / para** que la serpiente se vaya de aquí?
5. La responsable **por / de** todo este caos era una serpiente que, **por / de** cierto, estaba contenta **por / con** su hogar.
6. La ardilla vio **con / en** horror que todo el árbol estaba **con / en** llamas.

3 Completa las frases con las siguientes palabras:
Complete the sentences using the following words:

hogar / exquisito / acaso / ser /
arder / frondoso / rastro / raíces

1. Esta historia tuvo lugar en un árbol grande y _____ .
2. La ardilla había decorado su _____ con gusto _____ .
3. ¿ _____ no ves que el árbol es mío?
4. La ardilla vio a un _____ humano a lo lejos.
5. La hierba y las _____ del árbol empezaron a _____ .
6. A los pocos minutos no quedó ni ___ de su apartamento.

4 Combina las columnas:
Combine both columns:

1. Tú vives arriba y yo   a. nocturno
2. La serpiente huyó   b. solucionada
3. Su alegría se transformó en   c. asustada
4. Soy un animal   d. abajo
5. La disputa pareció estar   e. cigarrillo
6. La ardilla le quitó al hombre el f. pesadilla

Soluciones

Ejercicio 1: 1-F, 2-V, 3-V, 4-F, 5-F, 6-V
Ejercicio 2: 1-de, 2-a, en, sin, 3-por, 4-para, 5-de, por, con, 6-con, en
Ejercicio 3: 1-frondoso, 2-hogar, exquisito, 3-Acaso, 4-ser, 5-raíces, arder, 6-rastro
Ejercicio 4: 1-d, 2-c, 3-f, 4-a, 5-b, 6-e

La felicidad es relativa
Happiness is relative

Vocabulario

	Spanish	English
1.	anciano	old man
2.	curiosidad	curiosity
3.	recurso	resource
4.	espíritu	spirit
5.	velocidad	speed
6.	conversar	to talk, to converse
7.	sendero	path, hiking trail
8.	rostro	face
9.	tristeza	sadness
10.	viajero	traveller
11.	apenado	sorrowful
12.	silencio	silence
13.	tonto	foolish, stupid
14.	trozo	piece
15.	suspiro	sigh
16.	perder	to lose
17.	saco	sack
18.	desgraciado	miserable
19.	ladrón	thief
20.	contar	to tell
21.	lamentarse	to lament
22.	desesperado	desperate
23.	hambriento	hungry
24.	inesperado	unexpected
25.	pertenencias	belongings

La felicidad es relativa

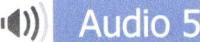

Había una vez un anciano al que le apasionaba viajar. Al no contar con grandes recursos económicos, siempre viajaba a pie, lo que le permitía conocer a gente de todo tipo por el camino. Su espíritu aventurero y sus ganas de conversar y ayudar a los demás, lo llevaban a todas partes.

Un día de verano, mientras caminaba por un sendero entre dos pueblos, el anciano observó a lo lejos a un hombre sentado bajo un árbol. Su rostro reflejaba una profunda tristeza. Llevado por la curiosidad, el viajero se acercó, y con un tono amable se dirigió al hombre apenado:

Happiness is relative

Once upon a time, there was an old man who was passionate about travelling. Not having great financial resources, he always travelled on foot, which allowed him to meet all kinds of people along the way. His adventurous spirit and his desire to talk and help others would take him everywhere.

One summer day, while walking along a path between two villages, the old man noticed a man sitting under a tree in the distance. His face reflected a deep sadness. Driven by curiosity, the traveller approached him, and addressed the sorrowful man in a kind tone:

—Buenos días, ¿le importa si me siento a descansar bajo el árbol? Llevo caminando varias horas y mis pobres piernas necesitan parar unos minutos.

—Si claro, siéntese —respondió el hombre—. No me importa lo más mínimo.

Tras varios minutos en silencio, el anciano decidió iniciar una conversación:

—Disculpe mi atrevimiento, pero algo me dice que no está pasando por su mejor momento. ¿Puedo preguntarle qué le ha ocurrido?

—No tengo motivos para estar feliz —respondió el hombre con un suspiro—. Lo he perdido todo. ¿Ve este saco? Todo lo que me queda está dentro de él: un poco de dinero, algo de ropa y un trozo de pan. No tengo nada más. ¿Cómo se puede vivir así sin sentirse desgraciado?

"Good morning, do you mind if I sit down and rest under the tree? I've been walking for several hours and my poor legs need to stop for a few minutes."

"Yes, of course, sit down," replied the man. "I don't mind in the least."

After several minutes of silence, the old man decided to start a conversation:

"Excuse my boldness, but something tells me that you're not going through your best moment. May I ask what's happened to you?"

"I have no reason to be happy," the man replied with a sigh. "I have lost everything. Do you see this sack? All I have left is inside it: a little money, some clothes and a piece of bread. I have nothing else. How can you live like this without feeling miserable?"

El viajero, conmovido por la historia, se puso a pensar qué hacer para ayudar. De repente, se puso en pie, agarró el saco y salió corriendo a tal velocidad, que el hombre triste no pudo reaccionar. "Qué tonto he sido al contarle dónde estaban mis cosas", se lamentó. "Ahora ni siquiera tengo el pan para cenar".

El hombre, desesperado, buscó al ladrón por el bosque durante horas, aunque todo fue en vano. Finalmente, cayó la noche. El hombre, cansado y hambriento, se sentó bajo un árbol, cerró los ojos y se puso a dormir hundido en la depresión.

A la mañana siguiente, al abrir los ojos, se encontró con una sorpresa inesperada: ¡su saco! Al abrirlo, descubrió todas sus pertenencias y una nota del anciano viajero: "Hola amigo. Aquí está el mismo saco que ayer le causaba tristeza. Pero ahora, está usted contento. Como ve, no hay que tener mucho para ser feliz".

The traveller, moved by the story, began to think about what he could do to help. Suddenly, he stood up, grabbed the sack and ran off at such speed that the sad man couldn't react. "What a fool I was to tell him where my things were," he lamented. "Now, I don't even have the piece of bread for dinner."

The man, feeling hopeless, looked for the thief in the forest for hours, but all in vain. Finally, night fell. The man, tired and hungry, sat down under a tree, closed his eyes and fell asleep sunk in depression.

The next morning, when he opened his eyes, he found an unexpected surprise: His sack! When he opened it, he discovered all his belongings and a note from the old traveller: "Hello friend. Here is the same sack that yesterday made you sad. But now you are glad. As you can see, you don't have to have much to be happy."

Ejercicios

1 ¿Verdadero (V) o falso (F)?
True or false?

1. El anciano contaba con grandes recursos económicos.
2. El anciano no tenía motivos para estar feliz.
3. En el saco del hombre había un poco de dinero, ropa y pan.
4. El anciano agarró el saco y salió corriendo.
5. Sin su saco, el hombre se sintió aún más triste.
6. Para ser feliz, hay que tener muchas pertenencias.

2 Escoge la preposición correcta:
Choose the correct preposition:

1. **Tras / Después** varios minutos **a / en** silencio, el anciano inició una conversación.
2. Llevado **por / con** la curiosidad, el viajero se dirigió al hombre **a / con** un tono amable.
3. Sus ganas **a / de** conversar lo llevaban **a / en** todas partes.
4. **A / Por** la mañana siguiente, se encontró **a / con** una sorpresa inesperada.
5. **Por / De** repente, se puso **a / en** pie y salió corriendo **de / a** tal velocidad, que el hombre no pudo reaccionar.
6. Se sentó **bajo / debajo** un árbol y se puso a dormir hundido **a / en** la depresión.

3 Completa las frases con las siguientes palabras:
Complete the sentences using the following words:

sendero / desgraciado / espíritu / contar /
profunda / pie / cayó / recursos / rostro

1. Al no _____ con grandes _____ económicos, siempre viajaba a _____ .
2. Estaba caminando por un _____ entre dos pueblos.
3. ¿Cómo se puede vivir así sin sentirse _____ ?
4. Finalmente, _____ la noche.
5. El anciano tenía _____ aventurero y ganas de conversar.
6. Su _____ reflejaba una _____ tristeza.

4 Combina las columnas:
Combine both columns:

1. Al anciano le apasionaba   a. tristeza
2. Conocía a gente de todo   b. pertenencias
3. El anciano se acercó al hombre   c. viajar
4. Buscó al ladrón durante   d. horas
5. En el saco estaban todas sus   e. tipo
6. Este saco ayer le causaba   f. apenado

Soluciones
Ejercicio 1: 1-F, 2-F, 3-V, 4-V, 5-V, 6-F
Ejercicio 2: 1-Tras, en, 2-por, con, 3-de, a, 4-A, con, 5-De, en, a, 6-bajo, en
Ejercicio 3: 1-contar, recursos, pie, 2-sendero, 3-desgraciado, 4-cayó, 5-espíritu, 6-rostro, profunda
Ejercicio 4: 1-c, 2-e, 3-f, 4-d, 5-b, 6-a

Un gran amigo
A great friend

Vocabulario

	Español	English
1.	soleado	sunny
2.	sombra	shade
3.	caza	hunting
4.	merecido	well-deserved
5.	león	lion
6.	ratón	mouse
7.	muerte	death
8.	silbar	to whistle
9.	temible	fearsome
10.	cola	tail
11.	atreverse	to dare
12.	despertar	to wake somebody up
13.	rugir	to roar
14.	amenazadoramente	menacingly
15.	red	net
16.	postre	dessert
17.	afilado	sharp
18.	nuez	nut
19.	alegría	joy
20.	asegurar	to assure
21.	pequeñajo	little fellow
22.	roedor	rodent
23.	gracioso	funny
24.	cantar	to sing
25.	suelo	ground

Un gran amigo

Era un día soleado de verano. En la sombra, bajo un árbol, dormía un león que, tras una mañana de caza, disfrutaba de un merecido descanso. Mientras tanto, no muy lejos de allí, un pequeño ratón corría y saltaba alegremente. No se había percatado de la presencia del león, así que cantaba y silbaba. De repente, el león abrió los ojos y, con una de sus temibles zarpas, agarró al ratón por la cola.

—¿Cómo te atreves a despertarme? —rugió el león amenazadoramente—. Ratoncito, eres un inconsciente. ¿Sabes? Después de una mañana de caza, creo que me apetece comer un animalito como tú de postre.

A great friend

It was a sunny summer day. In the shade, under a tree, slept a lion who, after a morning's hunting, was enjoying a well-deserved rest. Meanwhile, not far from there, a small mouse was running and jumping happily. He hadn't noticed the presence of the lion, so he was singing and whistling. Suddenly, the lion opened his eyes and, with one of his fearsome paws, grabbed the mouse by the tail.

"How dare you wake me up?" roared the lion menacingly. "Little mouse, you're so thoughtless. You know, after a morning's hunting, I think I'd like to have a little animal like you for dessert."

El león abrió la boca, dejando a la vista sus enormes y afilados dientes.

—¡Por favor, detente! —gritó el ratón—. ¡No me comas! ¿No sería mejor que fuéramos amigos? Así, si alguna vez estás en peligro, yo te ayudaré encantado.

—¿Cómo? ¿Yo amigo de un ratón? —se burló el león—. ¿De qué me serviría tenerte como amigo?

—Pues de mucho, te lo aseguro —se apresuró a decir el ratón—. Si me comes, nunca sabrás lo buen amigo que puedo llegar a ser.

—¡Ja, ja, ja! ¡Qué pequeñajo más gracioso! —se rió el león mientras posaba al roedor en el suelo—. Vete de aquí. Hoy es tu día de suerte.

El ratón saltó de alegría, saludó amablemente al león, y continuó su camino, cantando y silbando.

Las semanas pasaron y el otoño trajo consigo el frío de las montañas. Una mañana, el ratón estaba

The lion opened his mouth, revealing his huge, sharp teeth.

"Please stop!" the mouse shouted. "Don't eat me! Wouldn't it be better if we were friends? That way, if you're ever in danger, I'd be happy to help you."

"What? Me, a friend of a mouse?" The lion mocked. "What good would it do for me to have you as a friend?"

"Well, a lot, I assure you," the mouse hastened to say. "If you eat me, you'll never know what a good friend I can be."

"Ha ha ha! What a funny little fellow!" laughed the lion as he placed the rodent on the ground. "Go away. Today is your lucky day."

The mouse jumped for joy, greeted the lion kindly, and continued on his way, singing and whistling.

Weeks passed and autumn brought with it the cold of the mountains. One morning, the mouse was

recogiendo nueces para el invierno, cuando escuchó el rugido de un león a lo lejos. Dejando todo lo que estaba haciendo, salió corriendo a investigar.

Cuando llegó al lugar del que provenía el rugido, se encontró a su amigo el león atrapado en una red. Había caído en la trampa de unos cazadores y esperaba, rugiendo con tristeza, una muerte segura. El ratón se acercó a la red y empezó a roerla. A los pocos minutos, el león estaba libre y contento.

—¡Muchas gracias! ¡Eres un amigo de verdad!— decía el león entusiasmado mientras abrazaba a su diminuto amigo.

—Ya ves, a pesar de ser pequeño, puedo ser un gran amigo— le contaba el ratón al león, mientras se iban alejando del lugar.

gathering nuts for the winter, when he heard the roar of a lion in the distance. Dropping everything he was doing, he ran off to investigate.

When he arrived at the place where the roar came from, he found his friend the lion caught in a net. He had fallen into the trap of some hunters and was waiting, roaring sadly, for certain death. The mouse approached the net and started gnawing on it. After a few minutes, the lion was free and happy.

"Thank you very much, you're a real friend," said the lion enthusiastically as he hugged his tiny friend.

"You see, despite being small, I can be a great friend," the mouse was telling the lion as they were walking away.

Ejercicios

1

¿Verdadero (V) o falso (F)?
True or false?

1. El león estaba disfrutando de un merecido descanso.
2. El ratón cantaba y silbaba porque no había visto al león.
3. El león siempre come animalitos pequeños de postre.
4. El ratón estaba recogiendo nueces para el león.
5. Un día, el león cayó en la trampa de unos cazadores.
6. El ratón le salvó la vida al león.

2

Escoge la preposición correcta:
Choose the correct preposition:

1. El león abrió la boca, dejando **en / a** la vista sus enormes y afilados dientes.
2. **A / Tras** una mañana de caza, el león disfrutaba **de / con** un merecido descanso.
3. No se había percatado **por / de** la presencia del león.
4. ¿**A / De** qué me serviría tenerte como amigo?
5. Si alguna vez estás **con / en** peligro, te ayudaré encantado.
6. El ratón saltó **por / de** alegría y saludó amablemente **al / con el** león.

3 Completa las frases con las siguientes palabras:
Complete the sentences using the following words:

trampa / roedor / pesar / atrapado
zarpas / cazadores / nueces / pequeñajo

1. El ratón estaba recogiendo _____ para el invierno.
2. El león lo agarró con una de sus temibles _____ .
3. El león había caído en la _____ de unos _____ .
4. A _____ de ser pequeño, puedo ser un gran amigo.
5. "¡Qué _____ más gracioso!", se rió el león
mientras posaba al _____ en el suelo.
6. El león estaba _____ en una red.

4 Combina las columnas:
Combine both columns:

1. Hoy es tu día de   a. cola
2. Ratoncito, eres un   b. suerte
3. El león agarró al ratón por la   c. segura
4. El ratón escucho un ruido a lo   d. roerla
5. El león esperaba una muerte   e. inconsciente
6. Se acercó a la red y empezó a   f. lejos

Soluciones

Ejercicio 1: 1-V, 2-V, 3-F, 4-F, 5-V, 6-V
Ejercicio 2: 1-a, 2-Tras, de, 3-de, 4-De, 5-en, 6-de, al
Ejercicio 3: 1-nueces, 2-zarpas, 3-trampa, cazadores, 4-pesar,
5-pequeñajo, roedor, 6-atrapado
Ejercicio 4: 1-b, 2-e, 3-a, 4-f, 5-c, 6-d

Notas

Notas